Si el tiempo es oro, entonces
¿Nacimos Ricos?

Jackelyn Naranjo

Si el tiempo es oro, entonces ¿Nacimos Ricos?

Dedicado desde el fondo de mi corazón a lo más preciado que tengo;

Mi hijo Damian, mis Padres, hermano, familia y amigos.

Y sobre todo, a la gente como tú que tiene una esperanza y busca como seguir avanzando, a toda esa gente persistente que ha dejado huella en la humanidad.

El tiempo es el único capital de las personas que no tienen más que su inteligencia por fortuna.

El tiempo es la contestación a todas las preguntas y la solución a todos los problemas.

Todo lo que realmente nos pertenece es *El tiempo*; incluso el que no tiene nada más, lo posee.

Contenido

Introducción

Paso 1, Remplazar tus malos pensamientos.

Paso 2, Olvidar el tiempo perdido.

Paso 3, Cambiar tus hábito.

Paso 4, Oportunidades disfrazadas.

Paso 5, Eliminar lo que te detiene.

Paso 6, Aprovechar nuestro valioso tiempo; es ORO.

Paso 7, Administrar el tiempo.

Paso 8, Planificar nuestras metas.

Paso 9, Emprender la acción.

Paso 10, El Tic Tac del Reloj.

Si el tiempo es oro, entonces, ¿Nacimos ricos?

Cuando me propuse a escribir el libro, estaba dispuesta a asumir un gran compromiso no solo con migo misma si no con el mundo entero, pensaba en todas aquellas personas cuyos pensamientos pobres son heredados una vez más, generación tras generación, en todos aquellos seres humanos que vienen al mundo a lamentarse, a desperdiciar sus vidas; pensaba en poder transmitir un buen consejo para la humanidad. Sentía necesidad de compartirle al mundo la real importancia del tiempo, y lo que este pude llegar a influenciar en nuestras vidas y en la de nuestros seres queridos. Este libro fue mi primer paso a impulsarme al gran reto de mi vida; La acción. Ya que como muchas personas yo también había caído en la fase ¨análisis¨ y muy consciente de ello jamás acudía a la ¨Acción¨ en cualquiera de mis metas, obviamente gracias al peor de mis enemigos ósea ¨YO¨, seguido del ¨Pretexto¨ siempre acumulaba un sinfín de metas, que jamás llevaba a cabo. Decidí aceptar este reto, para emprender acción a mis metas y que las demás personas también lo hagan.

Introducción

Si el tiempo es oro, entonces, ¿Nacimos ricos?

Cuantos de nosotros hemos escuchado esta expresión, ¨El tiempo es oro¨ y muy conscientemente de ello, nos damos el lujo de desperdiciarlo como si este lo pudiéramos conseguir muy fácilmente. En este libro encontraras una guía para la administración de tu tiempo, aprenderás no solo a plantearte metas, si no a emprender la acción, hasta llegar a cumplir tus sueños, así como a estar consiente en lo que hacemos en el transcurso de nuestros días, en que empleamos nuestro tiempo si es provechoso o no. Asumirás la importancia de tener un estado mental óptimo, elegir el círculo que te rodea, comprometerte con tu sueño, y emprender acción.

Remplazar tus malos pensamientos.

La mayoría de las personas se llega a preguntar el ¿Porque me paso esto a mí? ¿Qué hice yo para merecer esto? ¿Te suena familiar? Tal vez porque en algún momento de nuestra vida, los seres humanos pasamos por crisis mentales, las cuales en algunas personas no son pasajeras y estas tienden a permanecer en ellas durante años transmitiéndolo a la vez a sus hijos y seres queridos. Si estás pasando por alguna crisis mental y te has dado la oportunidad de leer este libro, has dado el primer paso, te has permitido renovar tus pensamientos y cambiar tus sentimientos, porque sinceramente eso es exactamente lo que todos los seres humanos queremos.

Para reemplazar tus malos pensamientos he puesto once pasos más importantes, para dejar de hacer lo que a ti mismo te provoca pérdida de tiempo. Te recomiendo que tomes una hoja de papel y un lápiz y comiences a describir tus emociones.

1; Olvídate del tiempo perdido y aprovecha tu presente.

2; Participa en actividades con tus seres queridos.

3; Elimina las cosas malas y negativas de tu subconsciente.

4; Recuerda del pasado solo las cosas buenas y felices.

5; Comprométete a tener un estado mental óptimo.

6; ¿Qué es lo en realidad deseas para tu vida, Cuales son tus sueños?

7; Comprométete con tus sueños y contigo mismo de plantearte metas para lograrlos.

8; ¿Crees que tus acciones actuales te lleven a lo que deseas?

9; Piensa en lo que te haría feliz en este momento.

10; Visualízate en 5 años.

11; Visualízate realizando tus sueños

¿Cómo te sientes ahora? Mucho mejor ¿Verdad?, es posible estar de buen humor y así liberar el estrés sacando lo negativo de nuestro cuerpo y mente. Pensar en lo que nos hace feliz literalmente nos hace cambiar de ánimo e incluso sacar una sonrisa, o mejor aún un gran suspiro.

Tenemos dos opciones, ver la vida de una manera agradable, o vivir sufriendo y lamentándose, eso es opcional, cuando una persona en realidad desea algo lo obtiene sin importar cuantas veces tenga que intentar, así que tú tienes la decisión y tú la tomas. Todos queremos vivir de manera agradable y feliz, pero depende del empeño que estés poniendo en conseguirlo.

Cuando hayas entendido la importancia de este capítulo, tomaras en cuenta que hay personas que al igual que tu han permitido en sus vidas el cambio de su manera de pensar y que por supuesto ha sido para bien y así poder vivir en armonía con ellas mismas y con sus seres queridos, además de eso han aceptado sus propios errores y a la vez cambiar de dirección buscando siempre lo mejor para sus vidas. Es tiempo de sonreír, y si no puedes o no sabes, simúlalo hasta que te haya salido bien.

Olvidar el tiempo perdido

¨No te concentres demasiado en el pasado que jamás lo podrás cambiar, no permitas que el futuro te agobie porque no sabes si llegara, disfruta de tu presente, no lo dejes escapar, porque cuando se valla jamás volverá¨

El pasado es solo un simple hecho que nunca podremos cambiarlo, podemos recordarlo mas no vivirlo, podemos olvidarlo más muchas veces no sabemos cómo, y afortunadamente tenemos siempre una salida y la opción de ser felices y vivir en armonía ahora mismo, pero no queremos, porque tenemos miedo de renovarnos, ¿Por qué?

Escribe en un papel todos los resentimientos malos y negativos que sientes, enseguida rompe esa hoja e imagínate que un ferrocarril pasa por encima de esa basura y vuelve a pasar una y otra vez sin parar, hasta que se desintegra de la tierra, Siéntete bien ahora mismo respira profundo, saca todo lo negativo que tengas dentro de ti, aprende a perdonar, aprende a olvidar, aprende a renovar, aprende a sentir a vivir la vida, vive el día como si fuera el ultimo del resto de tu vida, no permitas que nada te robe tus sueños ni siquiera el tiempo ¡Despierta!

El *tiempo* es un gran maestro que arregla muchas cosas, como dice mucha gente, con el tiempo se curan las heridas, las manecillas del reloj nunca se detienen mientras tanto debemos de saber olvidar nuestros golpes más bajos que nos a planteado la vida, con valor y fortaleza debemos aprender a renovarnos, física y mentalmente que de esto se trata la vida.

Lo pasado ha huido, lo que esperas está ausente, pero el presente es tuyo. – Proverbio Árabe

Para olvidarte de todo lo negativo de tu pasado y sacar el daño que llevas dentro puedes empezar por hacer lo más difícil, perdonarte a ti mismo, cuando lo hayas conseguido podrás hacerlo con todo el mundo, entonces entenderás que la vida no se trata solamente de un montón de cosas difíciles, sino que también hay momentos en los que puedes disfrutar de tu tiempo aquí en la tierra, sentirás paz, te sentirás bien contigo mismo, y con todo el mundo.

Lo pasado ha huido, lo que esperas está ausente, pero el presente es tuyo. – Proverbio Árabe

¨Hasta que la humanidad no posee una máquina del tiempo, vamos a poder cambiar nuestro pasado, mientras tanto hay que aprender a olvidarlo.¨

-Jackelyn Naranjo-

Cambia tus hábitos

Tal vez a muchas personas les puede resultar difícil la tarea de cambiar algunos hábitos que nos hacen daño y nos atrasan en nuestras metas, porque les da miedo salir de su zona de confort. Los hábitos son solo patrones que hemos inculcado a nuestro cerebro, y como piloto automático repetimos nuestra rutina sin permitirnos cambiar de panorama.

La inseguridad muchas de las veces puede ocasionar problemas porque estamos acostumbrados a escuchar consejos de otras personas y no nos atrevemos a dirigir nuestra propia vida, no permitas que eso te afecte cree en ti, busca la manera de ser el líder de tu propio destino, no permitas que los malos hábitos te controlen, aprende tu a controlarlos.

La única manera de tener cambios en tu vida, es dejar de hacer lo que estás haciendo, somos lo que nosotros queremos ser, y siempre podemos elegir lo correcto. Nadie puede hacerte sentir mal al menos que tú lo permitas y mientras tanto si no cambias tus patrones, en tu vida seguirán ocurriendo exactamente las mismas cosas que te ocurren en este momento.

En una hoja de papel escribe tus hábitos actuales, y en otra hoja escribe los hábitos que tu sientas que sean los correctos para lograr tus metas.

Oportunidades disfrazadas

En la vida afortunadamente se nos presenta un nuevo problema cada segundo, cada minuto cada hora, cada día, se le llaman obstáculos que se encuentran fácilmente, yo les llamo vitaminas que nos fortalecen, ya que estos estropean nuestros planes para seguir adelante en la realización de nuestras metas, pero de ti depende de cómo lo quieras ver, si como un problema o como una oportunidad, mi pregunta es ¿Por qué permitir que un obstáculo nos detenga, acaso es más fuerte que nosotros? Si ni siquiera tiene forma de un cuerpo terrestre y mucho menos corazón. El reloj no se detiene ni tampoco se detienen las personas que aprovechan de sus riquezas y no me refiero al dinero si no al *tiempo*. Y lo que diferencia a estas personas aparte de su buena actitud y la manera en la que ven las cosas es que ellas están *aprovechando su tiempo* concentrándose en soluciones para sus problemas. Y por supuesto el resto de las personas que derrochan su tiempo se concentran únicamente en el problema ahogándose en un vaso de agua; ¿De qué lado estas tú?

    Aquí una pequeña historia de un hombre de oficio panadero que cuando era joven se encontró con un ángel que buscaba una pequeña aldea que se encontraba a unos cuantos kilómetros del pueblo en el que el joven vivía; El ángel al

observarlo tan simpático y que respondía su pregunta amablemente enseguida le dice que por agradecimiento le obsequiaría tres deseos. El joven muy contento responde al ángel sus tres deseos pidiéndole casarse con una mujer muy bonita, ser rico y ayudar en nobles causas. Al pasar el tiempo conforme el joven iba creciendo, un día le ofrecieron un negocio, lo acepto, pero al poco tiempo lleno de negatividad se dijo a si mismo que no iba a funcionar y decidió seguir trabajando de panadero. Meses después conoció a una mujer muy hermosa y elegante, el hombre muy emocionado se dijo a sí mismo,
- No puede ser, esta es la mujer que siempre eh soñado, sin duda alguna quiero

convertirla en mi esposa. –
Pero al instante pensó,
- No creo que se fije en mi soy pobre y jamás eh hecho algo por el bienestar de mi pueblo y decidió no acercarse a la mujer ni siquiera a obsequiarle una sonrisa. Al poco tiempo hubo un incendio muy grande en el pueblo, el panadero tuvo la oportunidad de colaborar apagando el fuego y salvando vidas, pero decidió huir con sus pertenencias y mudarse a otro pueblo a dedicarse a su mismo oficio. El cobarde panadero murió tiempo después, y enseguida se vuelve a encontrar con el ángel que le había ¨obsequiado¨ tres deseos y le pregunta ansiosamente que como le había ido en su vida de casado, riqueza y bondad. El hombre le contesta al

ángel que es un mentiroso, y sus deseos no habían funcionado y que había llevado una vida miserable. -Hermano mío-, dice el ángel, - te envié la oportunidad de un negocio y no la aprovechaste, te envié a la mujer de tus sueños, y no tuviste el valor de acercarte a ella, hubo un incendio muy grande en el que pudiste ayudar y ni siquiera lo pensaste, que más querías que hiciera por ti-. En conclusión de la pequeña historia, en nuestra vida se nos presentan oportunidades que muchas veces se nos escapan de las manos por nuestros actos y ni siquiera nos damos cuenta.

Eliminar lo que te detiene

Cuando hayamos encontrado algo que en realidad nos motive y nos llene de pasión, encontraremos la manera de salir de nuestra rutina, cambiara nuestros sentimientos, e inclusive nuestra manera de pensar, vivir y ver la vida. La pasión hacia algo es el sentimiento más relevante de salir a perseguir nuestro sueño. Cuando realmente sabemos que es lo que queremos hacer, nos cuestionamos ¿Cómo y cuándo?, esas preguntas son muy peligrosas, muchas de las veces llenaran nuestra cabeza de dudas y miedos, pero que pasaría si nos concentramos demasiado en ellas, es mejor no imaginarlo, lo mejor sería eliminar esas dudas y convertirlas en posibles respuestas, concentrarse realmente en las soluciones eso es lo que hace la diferencia entre las personas optimistas y las que se dejan controlar por los obstáculos. No estoy hablando de abandonar los problemas, si no que los problemas son parte fundamental de la vida del ser humano, entonces tenemos que aprender a vivir con ellos sabiéndolos controlar y solucionar, no permitir que estos nos controlen a nosotros, aprender literalmente a solucionarlos es tener una buena calidad vida, y muchas de las veces no es sencillo pero afortunadamente es posible.

Tu trabajo en este capítulo es identificar aquello que te detiene, cuáles son tus miedos, tus dudas, y como podrías enfrentarlo.

Aprovechar nuestro valioso tiempo; es ORO

Todos los seres humanos tenemos el mismo regalo de la gran vida ¨El tiempo¨, tenemos 24 horas al día, mi pregunta es ¿Cómo las utilizas? La vida es como una carrera que aunque tú te detengas habrá gente que sigue corriendo, se cae y se vuelve a levantar, y aprovechan cada segundo de su tiempo porque saben que la carrera no acabara jamás, por el contrario los que se acabaran somos nosotros.

El tiempo de la reflexión es una economía del tiempo mientras tanto el peor sentimiento que el ser humano puede tener es el de arrepentimiento, porque hasta para arrepentirnos de algo estamos gastando nuestro tiempo y oportunidad de estar en un estado mental óptimo. Escoger el momento es ahorrar tiempo, hay que tener una mente *muy consciente* y pensar muy bien que es lo que podría pasar con nuestros actos, esto es una manera bastante inteligente de *saber gastar nuestro tiempo*, así gastaremos tiempo pensando en que podría pasar si recurrimos al acto, y entonces evitaremos problemas que se podrían presentar en el futuro y tomaremos conscientemente una buena opción y aparte de ahorrar tiempo tendremos un buen resultado de nuestro actos. Mientras que si *no pensamos* en el acto, este podría tener una mala reacción y *gastaremos más tiempo* en el arrepentimiento y la solución, y el resultado será triste e insatisfecho. Obviamente no vamos a gastar mucho tiempo pensando en lo que podría pasar, recuerda que si analizamos excesivamente este nos puede causar una sensación de inseguridad en tomar una decisión.

El tiempo es lo más caro, lo más precioso, perderlo sin darnos cuenta, provoca una gran pérdida, pero perderlo conscientemente es el derroche más grande de la historia.

–Jackelyn Naranjo-

Cuando escuches a alguien decir, ¨Estoy aburrido¨ ¨No tengo nada que hacer¨ ¨Hay que perder tiempo¨, recuerda que el tiempo nos mata a nosotros así que vas a saber que esa persona, aun no tiene el conocimiento que tú tienes acerca de nuestras riquezas del tiempo, puedes ayudarlo a entender mas no te detengas a pensar lo mismo que ellos, tú ya vas un paso más adelante, tú ya tendrás en tu conciencia que derrochar el tiempo en realidad no es algo de lo que estemos seguro que podremos sacar provecho.

"Perder el tiempo" es una de las frases más necias y suicidas que hemos inventado los hombres.

¨No malgastes tu tiempo, pues de esa materia está formada la vida¨

"Hablamos de perder el tiempo, como si no fuera el tiempo el que perdemos nosotros".

Administrar el tiempo

Hay ladrones a los que no se castiga, pero que roban lo más preciado: el *tiempo*.

Todo el mundo sabe que nuestro tiempo en la tierra es limitado, y en verdad, al desperdiciarlo no piensan que les afecta.

En lo personal, el manejo de una agenda es de sutil importancia en mi vida, así puedo identificar diariamente mis actividades pendientes y comprometidamente las sigo al pie del cañón.

Administrar tu tiempo, es la herramienta más importante, cuando te comprometes con tus metas, es la manera más sencilla de realizar tus tareas diarias.

"Hay personas en que no saben perder su tiempo completamente solas. Son el azote de las personas ocupas."

Cuando estés trabajando en tus metas, algunos obstáculos pueden ser las personas que te rodean, ya sea porque te llenen de negatividad sobre tu proyecto, o porque esas personas tal vez eran parte de tus hábitos anteriores. Todo tiene un precio y perder el tiempo es la deuda más grande en la vida. El círculo que te rodea puede llegar a influir en tu vida, la gente positiva es la mejor compañera que pudieras tener.

Planificar nuestras metas

Para empezar a trabajar nuestro sueño es de sutil importancia plantearnos metas a corto, mediano y largo plazo, a su vez dividirla para saber qué es lo que tenemos que hacer al día, semanal y mensualmente.

Es necesario llevar un control de nuestras metas y logros, por ejemplo tener un libro especial como un calendario y empezar a plasmar, las tareas de cada día. Es de lo más sencillo y divertido, pues así te das la idea de cómo será tu vida los próximos días de tu vida si emprendes la acción.

Emprender la acción

Desarrollar metas y emprender acción de ellas es algo muy diferente, acudir a la acción significa correr el riesgo de no tener éxito en el primer intento pero eso *no* significa fracasar. Fracasar significa darte por vencido, dejar de intentar tus propósitos, dejar que los obstáculos se apoderen de tus pensamientos, hasta que finalmente se apoderen de ti y de tu mismo tiempo, de eso estamos hablando, estar dispuestos a enfrentar esas trabas tiene que ser nuestra mejor opción.

Los sueños sin metas ni acción, solo son sueños guardados en un cajón y por supuesto tiempo perdido, si ya has gastado tiempo en soñar y en planificar tu meta entonces tu próximo paso es emprender la acción inmediatamente, da el primer paso, avanza mas no te quedes estancado, piensa que es lo que te detiene, y después piensa en lo que te mueve, seguramente es más fuerte tu sueño.

El tic tac del reloj

Cuando hayas alcanzado logros en el transcurso de tu vida sentirás alegría de oír sonar el reloj, veras transcurridas unas horas más de tu vida con tranquilidad en tu conciencia de que has hecho algo de provecho.

Por el contrario tristemente hay personas que al oír el ¨Tic tac¨ sienten un gran peso encima, porque literalmente saben que no están trabajando en sus metas.

En este capítulo la pregunta es ¿Qué sientes tú al oír el tic tac del reloj?

El tiempo es oro, aprovéchalo no lo dejes ir, porque cuando se valla tal vez dejemos de existir,

El tiempo es oro, no juegues con él, porque así ganes o pierdas, no lo podrás devolver,

El tiempo es oro, cuídalo muy bien, que aunque sea invisible, hasta para eso hay ladrones también,

El tiempo es oro, y este nadie te lo puede quitar, al menos que tu no lo quieras desquitar.

El tiempo es oro, amalo, que es parte de la vida fundamental,

El tiempo es oro, y nadie lo puede evitar.

Con sinceridad, amor y cariño, que tus sueños se hagan realidad. -Jackelyn Naranjo-

Este libro fue una idea de un Diciembre del 2011 y plasmada antes del primero de Enero del 2012. El Éxito no se mide en velocidad sino en Resistencia.

www.ingramcontent.com/pod-product-compliance
Lightning Source LLC
Chambersburg PA
CBHW060950050426
42337CB00052B/3403